COMPRENDRE LA LITTÉRATURE

GUY DE MAUPASSANT

Les Contes de la bécasse

Étude de l'œuvre

© Comprendre la littérature, 2020.

1 rue Honoré - 93500 Pantin.

ISBN 978-2-7593-1102-6

Dépôt légal : Décembre 2020

Impression Books on Demand GmbH

In de Tarpen 42

22848 Norderstedt, Allemagne

SOMMAIRE

BIOGRAPHIE

GUY DE MAUPASSANT

Né en 1850 à Tourville-sur-Arques, près de Dieppe, Guy de Maupassant est un écrivain français très prolifique, auteur de contes, de plus de trois cents nouvelles et de romans. Il fut, dans sa jeunesse, le disciple de Flaubert. D'abord spectateur du monde paysan qui lui est familier du fait de son enfance à Étretat, l'auteur deviendra l'observateur critique de la société et de ses mœurs. Rassemblée principalement en une décennie, de 1880 à 1890, son œuvre, souvent pessimiste, est marquée par le mouvement réaliste de son temps, mais aussi par la présence du fantastique. L'abondance de sa production et sa diversité ont fait de lui l'une des figures majeures de la littérature du XIXe siècle.

Le père de Maupassant, Gustave, est agent de change. Sa mère, Laure, issue de la bourgeoisie, possède une grande culture littéraire, elle est proche de Gustave Flaubert depuis l'enfance. En décembre 1860, l'infidélité répétée de Gustave cause la séparation des deux époux. Laure part s'installer à Étretat avec ses deux fils, Guy et Hervé.

En 1863, Guy entre à l'Institution ecclésiastique d'Yvetot, mais l'éducation religieuse ne lui convient guère, et il finit par être renvoyé. Il termine sa scolarité au lycée de Rouen, où il écrit ses premiers vers. C'est à cette époque qu'il devient le disciple de Flaubert. En 1869, Maupassant débute des études de droit à Paris, mais elles sont interrompues par la guerre franco-prussienne de 1870. Il s'enrôle alors comme volontaire dans l'armée normande. Après la guerre, il quitte la Normandie pour s'installer à Paris en 1871. Débute alors une vie légère durant laquelle Maupassant fréquente les femmes et s'amuse avec insouciance, sans oublier pourtant de se consacrer à sa vocation d'écrivain. En 1875, il publie *La Main écorchée*, dans l'*Almanach lorrain*. En 1876, le **Bulletin français** publie un autre de ses contes : *En canot*. En 1877, son train de vie débridé le rattrape, lorsque Maupassant apprend qu'il est atteint de la syphilis.

À partir de 1880 commence une activité littéraire intense pour l'auteur. Flaubert a continué à faire office de mentor pour Maupassant, apportant ses conseils en matière de littérature et facilitant ses débuts dans le journalisme. Par l'entremise de l'auteur, Maupassant fera la rencontre d'autres écrivains, comme Émile Zola, avec qui il devient ami. Il participera d'ailleurs avec lui au recueil naturaliste *Les Soirées de Medan*, sur le thème de la guerre de 1870. Sa nouvelle *Boule de Suif* le fait remarquer et sonne le début de sa carrière. Le 8 mai 1880, Flaubert meurt subitement d'une hémorragie cérébrale.

Près de trois cents des nouvelles de Maupassant seront publiées durant les dix années qui suivent, parmi lesquelles on peut citer *La Maison Tellier* (1881), *Mademoiselle Fifi* (1882), *Les Contes de la Bécasse* (1883), *La Petite Roque* (1886), ou *Le Horla* (1887). L'auteur fait aussi paraître six romans (*Une vie*, 1883, *Bel-Ami*, 1885, *Mont-Oriol*, 1887, *Pierre et Jean*, 1887-1888), tout en écrivant régulièrement des articles pour les journaux *Gil Blas*, *Le Gaulois*, *L'Écho de Paris* ou encore *Le Figaro*. On dénombre pas moins de deux cents chroniques au nom de l'auteur, qui fut l'un des journalistes littéraires les plus reconnus de son temps. Maupassant publie aussi un certain nombre de récits de voyage (*Au soleil*, 1884, *Sur l'eau*, 1888, *La Vie errante*, 1890) ainsi que quelques pièces de théâtre (*Musotte*, 1891, *La Paix du ménage*, 1893). Dans sa préface à *Pierre et Jean*, l'auteur définit son style d'écriture comme étant fondé sur une observation de la réalité ravivée par l'interprétation de l'artiste.

Maupassant rencontre un succès grandissant et s'assure une certaine aisance financière. Il se fait construire une maison à Étretat, « La Guillette ». Son succès lui ouvre les portes des salons parisiens de la haute société ; sa vie est alors faite de mondanités, d'aventures féminines et de voyages. Son premier enfant, Lucien, naît en 1883, issu de son union avec une couturière. Une fille naîtra l'année suivante, suivie d'un troisième enfant en 1887. Maupassant n'en reconnaît aucun.

Pour étayer ses articles, mais aussi pour s'éloigner de la société mondaine parisienne, il effectue de nombreux voyages en Algérie, en Italie, en Angleterre, en Sicile. Affaibli par la maladie, l'auteur recherche de plus en plus la solitude et se réfugie dans l'écriture. Influencé par les contes de Hoffmann et de Poe, mais aussi et surtout par ses propres angoisses, il s'intéresse au genre fantastique avec des nouvelles comme *La Chevelure*, *La Tombe* (1884) ou encore *Mademoiselle Hermet* (1887). Sa nouvelle *Le Horla*, publiée en 1887, atteste de manière saisissante des troubles et des peurs de l'auteur. En 1889, il publie le roman *Fort comme la mort*. La même année, son frère, Hervé, meurt en internement, à l'âge de trente-trois ans.

Les dernières années de la vie de Maupassant sont marquées par une profonde dépression, une crainte constante de la mort et une certaine paranoïa. L'état physique et mental de l'auteur se dégrade peu à peu. Son dernier roman publié, *Notre cœur*, paraît en 1890. Il entamera la rédaction de *L'Ame étrangère* la même année, mais ne l'achèvera jamais. Idem pour le roman *L'Angélus*, commencé en 1891.

Le 8 janvier 1892, après une tentative de suicide, Maupassant est interné dans la clinique du docteur Blanche. Il meurt à Paris le 6 juillet 1893 de paralysie générale, peu avant ses quarante-trois ans. C'est Émile Zola qui prononce l'oraison funèbre lors de son enterrement, et qui propose la construction d'un monument à sa mémoire. Ce dernier est inauguré le 25 octobre 1897 au parc Monceau.

PRÉSENTATION DES CONTES DE LA BÉCASSE

Les Contes de la Bécasse est un recueil de dix-sept nouvelles écrites par Guy de Maupassant, et publié en mars 1883. Le recueil paraît chez les éditeurs parisiens Rouveyre et Blond, avec un tirage de deux mille exemplaires. La première nouvelle du recueil, *La Bécasse*, donne son nom à l'ouvrage. Elle sert de préambule et de prétexte à la réunion de ces nouvelles éclectiques. Ce récit-cadre explique comment, durant la saison de la chasse à la bécasse, le baron des Ravots organise des dîners au cours desquels il soumet ses invités à la cérémonie du conte de la bécasse. L'un des invités gagne le privilège de manger toutes les têtes de bécasse, mais doit, en retour, raconter une histoire aux autres. Les nouvelles qui composent le recueil sont présentées comme les récits de quelques-uns des participants à cette cérémonie.

La plupart des nouvelles des *Contes de la Bécasse* ont déjà paru dans les journaux *Le Gaulois* et *Gil Blas*, du 19 avril 1882 au 11 avril 1883. Seules les nouvelles *Saint-Antoine* et *L'Aventure de Walter Schnaffs* sont inédites : l'auteur a en effet dû les ajouter afin d'étoffer un peu le recueil et lui faire atteindre les trois cents pages demandées par les éditeurs. *Les Contes de la Bécasse* est le troisième recueil de nouvelles de l'auteur, après *La Maison Tellier* (1881) et *Mademoiselle Fifi* (1882). Maupassant est déjà connu et apprécié en tant que nouvelliste, ses récits paraissant régulièrement dans les journaux. Si, à la parution des *Contes de la Bécasse*, l'accueil de la critique est mitigé, celui du public est excellent. Durant l'année de sa sortie, *Les Contes de la Bécasse* est réimprimé sept fois. En 1887, les éditeurs Rouveyre et Blond font faillite, et l'éditeur Havard reprend l'édition du recueil.

Composé de nouvelles se situant en majeure partie dans la région Normande, le recueil se veut léger, au ton souvent paillard et grivois. Maupassant écrit d'ailleurs à propos de son recueil : « Ce qui distingue particulièrement ce dernier ouvrage de l'auteur de *La Maison Tellier* et d'*Une vie*, c'est la gaieté, l'ironie amusante. » Pourtant, on retrouve dans de nombreuses nouvelles le pessimisme et le regard sans complaisance de l'auteur sur la société. Le rire est souvent moqueur, voire cruel, et Maupassant évoque des thèmes difficiles comme ceux de la folie ou de la guerre et de l'invasion prussienne de 1870. Il souligne ici la laideur de la condition humaine, que ce soit à travers son avarice (*Pierrot*, *En mer*), sa cruauté (*La Folle*) ou encore son comportement indigne envers les femmes (*Un fils*, *Le Testament*, *Les Sabots*). Si le recueil comporte effectivement des récits au ton plus léger et gai, comme *Farce normande* ou *Un normand*, on sent dans la plupart des nouvelles une atmosphère de malaise, portée par les obsessions qui hantent l'auteur. *Menuet*, récit en apparence anodin, est ainsi teinté d'une mélancolie profonde, tandis que *La Peur* marque l'une des incursions de l'auteur dans le fantastique. Cet homme effrayé par le spectre du braconnier qu'il a tué est le déclencheur d'une scène de véritable folie collective, durant laquelle la raison du narrateur bascule. On sent ainsi que *Les Contes de la Bécasse* marquent un tournant dans l'œuvre de Maupassant, à dix ans de sa mort. De plus en plus éprouvé par la maladie, l'auteur exprimera plus clairement ses angoisses dans *Le Horla* en 1886.

RÉSUMÉ DU RECUEIL

Première partie : La bécasse

Le baron des Ravots, autrefois le meilleur des chasseurs de sa province, est atteint d'une paralysie des jambes qui le cloue à son fauteuil. Depuis, il occupe son temps à lire. Il aime les contes et les histoires vraies que peut lui rapporter son entourage. Pendant la saison de la chasse, le baron invite ses amis à souper chez lui. Il y existe une coutume, appelée « conte de la bécasse ». Cette dernière est l'oiseau préféré du baron, aussi, à chaque souper, une bécasse est servie à chaque invité. Ceux-ci doivent cependant laisser de côté les têtes, qui sont ensuite récupérées par le baron. Ce dernier s'en sert pour fabriquer une roue, qu'il fait ensuite pivoter. L'invité désigné par le bec de la bécasse remporte le droit de manger toutes les têtes. Une fois son repas terminé, le gagnant doit alors raconter une histoire.

Deuxième partie : Ce cochon de Morin

Chapitre 1

Le narrateur raconte une conversation qu'il a eue avec un homme appelé Labarbe, dans laquelle il demandait pourquoi, lorsqu'on parlait d'un certain Morin, on le surnommait toujours « ce cochon de Morin ». Labarbe explique alors que Morin, qui possède un magasin de mercerie à La Rochelle, est allé passer quinze jours à Paris en 1862 ou 1863.

Alors qu'il attend son train sur le quai, Morin remarque une jeune femme qui embrasse une vieille dame. Il la trouve jolie et la suit un moment, jusqu'au wagon dans lequel elle entre. Le train part, Morin et la jeune femme sont seuls dans le wagon. Elle s'installe sur la couchette pour dormir et Morin l'observe. Il cherche le moyen de l'aborder, s'imagine vivre une histoire galante qui commencerait ici, dans ce train. Le jour se lève finalement et la jeune femme se réveille. Elle se redresse et accorde un sourire à Morin. Ce dernier y voit une invitation à se montrer enfin audacieux et s'avance brusquement, les mains en avant, pour l'embrasser. La jeune femme se lève aussitôt avec effroi, crie au secours et tente de s'enfuir du wagon. Le train s'arrête en gare à ce moment-là et la jeune femme, sous le choc, explique la tentative d'agression dont elle croit avoir été victime. Morin est arrêté par les gendarmes et verbalisé, accusé d'outrage aux bonnes mœurs dans un lieu public.

Chapitre 2

Rédacteur en chef au *Fanal des Charentes*, Labarbe voit Morin chaque soir au café du Commerce. Quand ce dernier lui raconte sa mésaventure, Labarbe affirme qu'il n'aurait pas dû se conduire ainsi, puis il le prend en pitié. Morin a en effet vu sa réputation ruinée par cette histoire. Labarbe se renseigne sur l'affaire et apprend que la jeune fille du train est Henriette Bonnel, une institutrice de Paris. L'oncle de Mlle Bonnel ayant porté plainte, il faut le convaincre de retirer sa plainte pour que Morin soit laissé en paix. Rendu malade par l'émotion et sans cesse maltraité par sa femme furieuse, il demande à Labarbe d'aller voir l'oncle pour lui. Labarbe accepte et part accompagné de son ami Rivet.

L'oncle, un fervent lecteur du *Fanal*, les reçoit bien. Labarbe explique la situation, il conseille à M. Tonnelet de retirer sa plainte au risque de ternir la réputation de sa nièce. Ne voulant rien décider sans sa femme, Tonnelet finit par inviter Labarbe et Rivet à passer la soirée et la nuit chez lui. Ils acceptent et, bientôt, Labarbe se retrouve à pouvoir parler seul avec Mlle Bonnel. Il lui dit que cette histoire lui causera beaucoup de tracas et qu'elle aurait sûrement mieux fait de simplement changer de wagon. Sans se laisser intimider, Henriette Bonnel explique qu'elle regrette un peu sa réaction, mais que, sur le moment, elle a tout simplement eu peur. Troublé par la jeune fille, Labarbe finit par remarquer qu'on peut excuser Morin, car beaucoup auraient eu la même envie que lui en voyant une fille aussi jolie. Labarbe demande ce qu'elle ferait s'il tentait de l'embrasser, lui, et Henriette répond que ce serait différent, parce que Labarbe est moins bête et moins laid. N'y tenant plus, Labarbe se penche et dépose un baiser sur la joue de la jeune fille. Henriette recule, plus amusée qu'effarouchée. Labarbe lui révèle qu'il prendrait le risque de finir au tribunal pour avoir l'occasion d'embrasser une femme comme elle, et qu'il en serait fier ensuite. Henriette rit, et Labarbe l'enlace pour l'embrasser encore. Henriette finit par se dégager et se montre vexée de la conduite du visiteur. Ce dernier cherche une excuse à son comportement et finit par assurer que cela fait un an qu'il est amoureux d'elle. Henriette ne le croit pas, mais finit par le laisser s'approcher à nouveau. Ils échangent un long baiser, jusqu'à ce que Rivet les interrompe.

Chapitre 3

L'heure du dîner arrive. Labarbe est assis à côté d'Henriette, leurs regards se croisent, leurs mains se joignent sous la table. Puis ils font une promenade, durant laquelle Labarbe murmure des mots d'amour à l'oreille de la jeune fille. L'oncle demande finalement à Henriette de conduire les deux hommes dans leurs chambres. Une fois seul avec elle, Labarbe prend la jeune fille dans ses bras, mais elle finit par s'enfuir. Déçu, Labarbe se prépare à se coucher, mais on frappe alors à la porte. C'est Henriette qui lui demande ce qu'il prendra pour déjeuner le lendemain. Labarbe tente de l'enlacer à nouveau, mais elle fuit dans le couloir. Labarbe s'élance à sa poursuite. Il finit par pousser une porte et découvre Henriette, dans son lit. Il l'y rejoint. Plus tard, alors qu'il retourne dans sa chambre, il croise Rivet, qui lui demande, mécontent, s'il a bientôt fini d'arranger l'affaire de Morin.

La tante finit par arriver et accepte rapidement de retirer la plainte. On propose à Labarbe et à Rivet de rester encore pour la journée. Labarbe y est tout disposé, mais Rivet est agacé et insiste pour partir. À contrecœur, son compagnon n'a d'autre choix que de le suivre. À leur retour, ils vont voir Morin pour lui annoncer que tout est réglé. Malade d'angoisse depuis le début de sa mésaventure, Morin les remercie du fond du cœur.

Morin ne se remet jamais complètement de sa mésaventure. On l'appelle désormais partout « ce cochon de Morin », et cela le blesse à chaque fois. Il meurt deux ans plus tard. Un jour que Labarbe rend visite au notaire de Touserre, quelques années plus tard, il est reçu par une belle femme qui lui demande s'il la reconnaît. Il s'agit d'Henriette Bonnel. Une fois seul avec l'époux de la jeune femme, ce dernier prend les mains de Labarbe et lui dit qu'Henriette lui a beaucoup parlé de lui, et expliqué avec quelle délicatesse et dévouement il a réglé l'affaire douloureuse vécue par Henriette avec ce cochon de Morin.

Troisième partie : La folle

C'est au tour de Mathieu d'Endolin de raconter son histoire, qui s'est passée dans le faubourg de Cormeil, durant la guerre contre la Prusse. Mathieu avait alors pour voisine une femme devenue folle après la mort, coup sur coup, de son père, son mari et son enfant. La femme vivait désormais dans une sorte de torpeur, elle ne parlait plus et ne quittait plus son lit.

Cela dure quinze ans, puis les Prussiens arrivent à Cormeil, et les soldats s'installent dans les maisons. La voisine doit cohabiter avec douze d'entre eux, dont l'un est particulièrement violent. L'officier finit par s'agacer de ne jamais voir la femme, toujours confinée dans sa chambre, et s'imagine qu'elle a inventé sa maladie par fierté, pour ne pas avoir à croiser les Prussiens ayant envahi sa maison. Il exige de voir la femme, et une fois devant elle, lui demande de se lever et de descendre les rejoindre. Lorsqu'elle ne marque aucune réaction, il prend cela pour du mépris et s'en énerve encore plus. Le lendemain matin, les servantes tentent d'habiller la femme, qui se met aussitôt à hurler. L'officier ne sait d'abord que faire, puis il ordonne à ses hommes de porter la folle sur son matelas jusqu'à l'extérieur. Les soldats emmènent la femme jusque dans la forêt, et reviennent sans elle. C'est l'hiver, il neige et les loups hurlent. Mathieu d'Endolin, effaré à l'idée de la pauvre femme seule dans la forêt, tente de plaider sa cause auprès de l'autorité prussienne, mais on ne l'écoute pas. Au printemps, l'armée s'en va. Mathieu repense souvent à sa voisine disparue, se demandant ce qu'il a pu advenir d'elle. Un jour, voyant passer des bécasses dans le ciel, il décide de partir chasser. Il tombe alors sur des ossements, et comprend qu'il vient de découvrir les restes de sa voisine. Après avoir été transportée dans la forêt, elle s'est laissée mourir de froid sur son matelas, après quoi les loups l'ont dévorée.

Quatrième partie : Pierrot

Mme Lefèvre est une veuve, originaire de la campagne. Elle a une servante, nommée Rose. Elle vit en Normandie, dans le pays de Caux, et possède un jardin où elle cultive quelques légumes. Une nuit, on lui vole une douzaine d'oignons. En s'en apercevant, Mme Lefèvre et sa servante sont épouvantées. Les voisins se rassemblent bientôt pour constater le larcin, et un fermier conseille aux deux femmes de prendre un chien. Elles en discutent et décident de se trouver un petit chien qui ne leur coûterait pas trop cher en nourriture. Un jour, le boulanger apporte à Mme Lefèvre un tout petit chien jaune, nommé Pierrot. Les deux femmes prennent l'animal, lui offrent à manger et à boire. Mme Lefèvre propose qu'elles le laissent se promener librement, pour qu'il trouve lui-même de quoi se nourrir. Pierrot se révèle être un piètre chien de garde, faisant la fête à toute personne qui entre dans le jardin et n'aboyant jamais à part pour réclamer de la nourriture.

Mme Lefèvre a fini par s'attacher au petit chien, mais lorsqu'on lui demande huit francs d'impôts pour lui, elle manque de s'évanouir d'effroi. Elle décide aussitôt de se débarrasser du chien. Les deux femmes tentent de le donner à quelqu'un d'autre, mais personne n'en veut. Elles se résolvent alors à lui faire « piquer du mas », ce qui signifie le jeter dans le puits comme le font tous ceux qui, dans les environs, cherchent à se débarrasser de leur chien. À la nuit tombée, Rose prend le petit chien dans son tablier et les deux compagnes se rendent au puits. Après avoir embrassé Pierrot en pleurant, Rose le jette dans le puits. Saisies d'épouvante en entendant les jappements de douleur du chien, les deux femmes s'enfuient ensuite en courant.

Mme Lefèvre fait des cauchemars toute la nuit et, le lendemain, retourne au puits. Le petit chien jappe toujours. Mme Lefèvre est prise de remords et se promet de tout faire pour récupérer le chien et bien s'en occuper jusqu'à sa mort. Elle va voir le puisatier et lui expose la situation, mais quand ce dernier lui annonce que, pour récupérer son chien dans le puits, elle devra payer quatre francs, elle se récrie avec indignation. Elle discute du problème avec Rose, et celle-ci propose de jeter de la nourriture au chien. Elles prennent ainsi l'habitude d'aller le nourrir tous les jours dans le puits. Mais un jour, un autre aboiement leur répond : quelqu'un d'autre a jeté son chien dans le puits. Lorsqu'elles y jettent la nourriture, elles entendent des bruits de lutte, suivis des aboiements plaintifs de Pierrot, qui leur fait comprendre que l'autre chien mange tout sans rien lui laisser. Mme Lefèvre affirme qu'elle ne peut nourrir tous les chiens qui seront jetés là et qu'il faut cesser de venir au puits. Elle rentre chez elle en mangeant le reste du pain qu'elle avait apporté.

Cinquième partie : Menuet

Jean Bridelle est un vieux garçon de cinquante ans qui a connu la guerre et vu beaucoup d'horreurs. Lorsqu'il était jeune, c'était un garçon rêveur et solitaire, qui aimait se promener seul au matin, dans la pépinière du Luxembourg, un jardin de Paris particulièrement paisible. Assis sur un banc, Jean lisait ou écoutait les bruits de la ville. Un jour, cependant, il s'aperçoit qu'il n'est pas seul à profiter des lieux, et rencontre un petit vieillard d'allure étrange. Intrigué par le vieil homme, Jean commence à le suivre à la dérobée. Un jour, il le surprend en train de danser, de manière à la fois élégante et ridicule. Stupéfait, Jean, dont la curiosité est aiguillonnée par le comportement de l'inconnu, l'observe chaque matin pour le voir répéter sa danse. Un jour, il décide d'aborder le vieil homme. En une semaine, ils deviennent amis et le vieillard raconte à Jean son histoire. Du temps de Louis XV, l'inconnu était maître de danse à l'Opéra. Le vieillard explique un jour qu'il vient au jardin tous les après-midi avec sa femme, qui n'est autre que la Castris, une ancienne grande danseuse que tous les plus grands admiraient par le passé. Jean Bridelle vient à la rencontre du couple un après-midi et peut ainsi être présenté à la vieille femme. Ils s'installent sur un banc pour discuter. Lorsque Jean demande au vieil homme ce que c'est que le menuet, il tente d'expliquer, mais s'embrouille, et finit par demander à sa femme si elle accepterait de faire une démonstration de cette danse avec lui. Jean assiste alors à un spectacle remarquable, les deux vieux époux évoluant avec grâce et avec des mouvements splendides. Jean Bridelle se sent ému devant cette manifestation d'un autre siècle. Trois jours plus tard, le jeune homme doit partir pour la province. Lorsqu'il revient à Paris deux ans plus tard, la pépinière a été détruite. Il n'a jamais revu le vieux couple, ne sait ce qu'il est advenu d'eux et se le demande souvent. Leur souvenir l'obsède et l'emplit de mélancolie.

Sixième partie : La peur

Un petit groupe de personnes se trouve réuni sur un bateau en direction de l'Afrique. Le commandant achève de raconter la frayeur qu'il a ressentie le jour où son bateau s'est retrouvé échoué sur un rocher. C'est alors qu'un autre homme prend la parole pour dire au commandant que ce qu'il a éprouvé n'était pas vraiment de la peur. Il explique que la peur, c'est un sentiment différent, que l'on éprouve uniquement en présence de forces mystérieuses, incompréhensibles et épouvantables. L'homme entreprend alors de raconter ce qui lui est arrivé un jour, en Afrique, et qui lui a fait pour la première fois connaître véritablement la peur. Il traversait le désert, accompagné d'un ami et de quatre chameliers.

L'équipée avance en silence, harassée par la chaleur, lorsque soudain un bruit se fait entendre : celui d'un tambour. Au même moment, l'ami du narrateur s'écroule de son cheval, victime d'une insolation. Pendant deux heures, le narrateur tente de sauver son ami, et les tambours continuent de résonner à travers les dunes de sable qui s'étendent à perte de vue. C'est à cet instant qu'il a senti pour la première fois la peur l'envahir, face à ce son inexplicable et au corps sans vie de son ami.

Le commandant interrompt le conteur pour lui demander ce que c'était, au juste, que ces tambours. L'homme explique qu'on les attribue à l'écho de grains de sable emportés par le vent et heurtant des touffes d'herbes, un écho amplifié par les dunes.

Il commence ensuite l'histoire de la deuxième fois où il a expérimenté la peur. Cela s'est passé l'hiver précédent, dans une forêt du nord de la France. Le conteur marche sur un chemin avec pour guide un paysan, il se dirige vers la maison d'un garde forestier, chez qui il part chasser. Le temps est mauvais, le ciel est sombre et un vent glacial agite les arbres tout autour d'eux. Le guide entreprend de raconter l'histoire du garde forestier chez qui ils se rendent. Il vit avec ses deux fils, qui sont mariés. Depuis qu'il a tué un braconnier il y a deux ans, il est d'humeur toujours sombre, comme si un souvenir le hantait.

Ils arrivent enfin devant la maison du garde forestier et frappent à la porte. Ils sont alors accueillis par un vieil homme armé d'un fusil et deux autres, plus jeunes, munis de haches. Deux femmes sont recroquevillées contre le mur, l'air terrifié. Le garde forestier explique que le braconnier qu'il a tué il y a deux ans à la même époque est revenu le visiter l'année précédente, et qu'ils s'attendent à le revoir ce soir.

Tout le monde s'assied à table et le narrateur s'efforce de discuter de choses et d'autres pour faire oublier à la famille leur terreur superstitieuse. Soudain, le garde se lève et reprend son fusil, affirmant que l'esprit est de retour. Au même moment, le chien de la maison se lève et se met à hurler en direction de quelque chose qu'il est le seul à voir. Le garde explique que c'est précisément là que se trouvait le braconnier lorsqu'il l'a tué. Le narrateur, à ce spectacle, sent un frisson le parcourir. Pendant une heure, le chien hurle sans discontinuer, et le narrateur sent la peur le pénétrer. Tous restent paralysés et livides pendant un long moment, jusqu'à ce que le guide du narrateur se saisisse du chien et le jette dehors, où il cesse aussitôt ses aboiements. Un silence se fait à l'intérieur, puis quelque chose frôle le mur de la maison, avant de gratter à la porte. Soudain, un visage apparaît derrière la vitre. Le garde forestier tire alors un coup de fusil sur la vitre, provoquant un incroyable sursaut de peur chez le narrateur. Tous restent prostrés dans la maison, n'osant bouger avant que l'aube se lève. Ils découvrent alors le chien mort dans la cour, touché par le tir de fusil.

Septième partie : Farce normande

Dans un petit village normand, une procession de mariage remonte le long du chemin. Le marié, Jean Patu, est le plus riche fermier du pays, ainsi qu'un chasseur passionné. La mariée s'appelle Rosalie Roussel. C'est une jolie jeune fille qui a beaucoup été courtisée, mais qui a fini par choisir Jean Patu, probablement parce qu'il a le plus d'argent. Tout le monde finit par se réunir dans la grande ferme des deux nouveaux mariés pour le repas. Chacun s'assied et le repas commence, il durera jusqu'au soir. Bientôt tout le monde, échauffé par l'alcool, se met à échanger des plaisanteries grivoises, qui tournent autour de la nuit de noces. Finalement, le repas s'achève et tout le monde part se coucher. Les jeunes époux se rejoignent dans la chambre et se déshabillent gaiement. Alors que Jean rejoint Rosalie dans le lit, un coup de feu se fait entendre. Jean se précipite à la fenêtre, mais sa femme le convainc de retourner vers le lit. Une deuxième détonation ne tarde pas à suivre. Furieux, Jean décroche son fusil et se précipite dans la cour, sans se soucier des supplications de son épouse. Rosalie attend son mari jusqu'au jour et, ne le voyant pas rentrer, cède à la panique. Elle appelle à l'aide et raconte ce qui est arrivé dans la nuit. On part à la recherche de Jean et on ne tarde pas à le retrouver, ficelé de la tête aux pieds et furieux. Il a trois lièvres morts autour du cou, ainsi qu'une pancarte : « Qui va à la chasse, perd sa place. »

Huitième partie : Les sabots

Dans le hameau de la Sablière, un petit coin de campagne, tout le monde est réuni pour assister au sermon du curé. Une fois la messe terminée, les Malandain rentrent chez eux. Pendant que sa femme et sa fille, Adélaïde, mettent la table pour le repas, le père, un vieux paysan, suggère qu'ils envoient Adélaïde comme servante chez M. Omont, qui vit seul depuis la mort de sa femme. Le seul problème est qu'Adélaïde, une grande fille de vingt ans à l'air niais, est tout sauf débrouillarde. On commence à manger, et quelques minutes plus tard, le père s'adresse à sa fille pour lui prodiguer des conseils sur la manière de se tenir face à M. Omont. Dès la fin du repas, Adélaïde et sa mère partent en direction de la maison de Césaire Omont. C'est un homme riche, de cinquante-cinq ans, jovial et bon vivant. La mère lui présente sa fille, qui l'engage aussitôt pour quinze francs par mois. Dès le lendemain, Adélaïde se présente chez lui et commence à travailler, docile et silencieuse. M. Omont la met en garde : elle ne sera que sa servante et chacun restera à sa place, la sienne étant en cuisine. Quand vient l'heure du dîner, cependant, il insiste pour qu'Adélaïde vienne s'asseoir à table avec lui, expliquant qu'il n'aime pas manger seul. Adélaïde s'exécute et l'humeur de

M. Omont s'allège, il se met à raconter des histoires d'un ton jovial et la jeune fille écoute en silence. Ne voulant pas boire seul, M. Omont ordonne à Adélaïde de boire un café avec lui, puis trois verres d'eau-de-vie. La même chose recommence au dîner, après quoi Adélaïde doit jouer aux dominos avec son maître, avant de pouvoir aller se coucher. Mais bientôt, elle entend M. Omont l'appeler en tonitruant. Il explique qu'il n'aime pas dormir seul et ordonne à Adélaïde de le rejoindre dans son lit. La jeune fille s'exécute. Six mois plus tard, Adélaïde rend visite à ses parents, et son père remarque qu'elle est enceinte. Adélaïde se met à sangloter, dit qu'elle ne savait pas que les enfants se faisaient comme ça. Le père part voir M. Omont et, le dimanche suivant, le curé annonce le mariage prochain de celui-ci avec Adélaïde Malandain.

Neuvième partie : La rempailleuse

Chez le marquis de Bertrans, tout le monde est réuni à table pour le dîner d'ouverture de la chasse. Il y a là onze hommes, huit femmes et le médecin du village. La discussion se tourne vers le sujet de l'amour, et l'on se demande si l'on ne peut aimer sincèrement qu'une fois ou plusieurs fois. Les hommes sont d'avis que la passion peut frapper plusieurs fois alors que pour les femmes, le grand amour ne se présente qu'une fois. On finit par prendre le médecin pour arbitre. Mais ce dernier n'a pas d'avis et pense que tout est question de tempérament. Il évoque un couple que l'amour a uni durant cinquante-cinq ans, et qui ne fut séparé que par la mort. Il s'agit du pharmacien, M. Chouquet, et de la rempailleuse de chaises qui passait tous les ans au village.

Il y a trois mois, le médecin a été appelé chez la vieille femme, qui était sur son lit de mort. Elle lui a alors raconté toute sa vie. Ayant vécu sur les routes depuis la naissance, la rempailleuse a toujours été mise à l'écart des autres. Un jour, alors qu'elle a onze ans, elle rencontre le petit Chouquet. Il est en pleurs après qu'un autre garçon lui a volé deux liards. Bouleversée, la jeune rempailleuse donne à Chouquet toutes ses économies, et tandis que le garçon considère les sous dans ses mains, elle se penche et l'embrasse, avant de s'enfuir. Les mois suivants, elle repense souvent au petit Chouquet, mais lorsque, de retour en ville, elle cherche à le revoir, elle ne peut que l'observer derrière la fenêtre de la pharmacie. L'année suivante, la rempailleuse trouve Chouquet à jouer aux billes derrière l'école et se précipite pour l'embrasser. Le garçon la repousse d'abord avec peur, mais la rempailleuse lui offre tout l'argent qu'elle possède, ce qui convainc Chouquet de se laisser câliner. Pendant quatre ans, la rempailleuse vient donner à Chouquet ses sous, et le garçon accepte ses baisers. Puis un jour, il part pour le collège. La jeune rempailleuse parvient à persuader ses parents de modifier leur itinéraire pour passer par là, mais lorsque la jeune fille retrouve Chouquet, il feint de ne pas la connaître. Cela fait beaucoup souffrir la rempailleuse, qui est malgré tout revenue tous les ans auprès de lui, sans oser l'aborder et sans qu'il lui accorde un regard.

La vieille femme explique au médecin que toute sa vie, elle n'a aimé que lui. Le jour où elle a appris qu'il s'était marié, elle s'est jetée dans la mare, mais un ivrogne l'a repêchée et menée à la pharmacie. Sans paraître la reconnaître, Chouquet l'a soignée et réprimandée pour son acte. Ces simples mots ont mis du baume au cœur de la rempailleuse, qui est repartie un peu plus heureuse. Tous les ans, elle voyait Chouquet et échangeait quelques mots avec lui lorsqu'elle venait acheter des médicaments dans sa pharmacie. Cela a suffi à son bonheur.

Au moment de sa mort, elle a remis au médecin toutes ses économies, à savoir deux mille trois cent vingt-sept francs, en expliquant qu'il fallait les remettre à Chouquet, qu'elle n'avait travaillé que pour lui sa vie durant et que cet argent lui revenait. Le médecin se rend chez Chouquet pour lui raconter toute l'histoire, mais plutôt que d'être ému, le pharmacien est gagné par l'indignation et le dégoût à l'idée d'avoir été aimé par une vagabonde. M. Chouquet et sa femme changent cependant de discours lorsque le médecin aborde le sujet de l'argent laissé pour eux. Il leur semble impossible de refuser la dernière volonté de la pauvre femme, aussi acceptent-ils l'argent.

Dixième partie : En mer

Dans les journaux, on peut lire un article à propos d'un événement survenu à Boulogne-sur-mer. Il explique comment le bateau de pêche de Javel, à son entrée au port, s'est brisé sur les roches de la jetée. Quatre hommes et le mousse ont péri dans le naufrage.

Javel, il y a dix-huit ans, avait été le témoin d'un autre drame. Il était alors patron d'un chalutier, et avait à son bord son frère cadet, quatre hommes et un mousse. Quand le vent s'est levé, le chalutier s'est trouvé coincé entre la France et l'Angleterre, ne pouvant accoster avant la fin de la tempête. Lorsque l'ouragan cesse enfin, Javel donne l'ordre de descendre les filets. C'est alors que son frère se retrouve le bras coincé entre la corde et le bois du bateau. Tout le monde accourt pour tenter de dégager Javel cadet avant que son bras ne soit broyé. Au bout d'un moment, l'un des matelots sort un couteau de sa poche, prêt à couper la corde. Mais Javel l'en empêche : couper la corde serait perdre le chalut, qui lui a coûté une fortune. Il tente plutôt de déplacer le bateau, sans succès, puis ordonne qu'on jette l'ancre. Enfin, les amarres du bateau se détendent et on peut dégager Javel cadet. On découvre alors que son bras n'est plus qu'une bouillie sanglante. Le sang s'écoule à flots et forme déjà une mare sur le pont. Les matelots s'empressent de lui faire un garrot pour l'empêcher de se vider de son sang. Tous les os du bras sont brisés. Javel cadet s'assoit et entreprend de mouiller régulièrement la plaie pour éviter qu'elle ne s'infecte. La pêche est bonne, les poissons s'amassent sur le pont, et le chalut reste en mer jusqu'au soir, où il reprend la direction des côtes françaises. Javel cadet montre alors à ses camarades les traces noires qui sont apparues sur sa peau. On suppose une infection. L'un des matelots se saisit d'un couteau et commence à couper le bras, avec précaution. Une fois la tâche effectuée, Javel cadet soupire avec soulagement, il sait que c'était nécessaire.

La nuit arrive, les mers sont à nouveau trop agitées pour accoster. Le lendemain, Javel cadet examine son bras, qui a commencé à pourrir. Quand son frère suggère qu'il soit jeté à la mer, Javel cadet refuse avec véhémence. À la place, il remise son bras dans l'un des barils de pêche remplis de sel, pour le conserver.

Enfin, le bateau rentre au port. Javel cadet est examiné par un médecin qui le déclare en voie de guérison. Il récupère son bras, bien conservé par le sel, et rentre chez lui avec. Sa femme et ses enfants examinent le membre un instant, puis Javel cadet commande au menuisier un petit cercueil. Le lendemain, le bras est enterré sous les yeux de l'équipage du chalutier.

Javel cadet a cessé de naviguer après cela. Lorsqu'on lui demande comment s'est produit son accident, il ne manque jamais de rappeler que, si son frère avait bien voulu couper la corde du chalut, il aurait encore son bras.

Onzième partie : Un Normand

Deux amis sont à bord d'une voiture, au départ de Rouen et sur la route de Jumièges. L'ami du narrateur propose qu'ils s'arrêtent à la chapelle du père Mathieu. Ancien sergent-major, celui-ci est un Normand que beaucoup appellent « La Boisson ». Il est devenu gardien d'une chapelle fréquentée principalement par les filles enceintes. Le père Mathieu a composé une prière à l'attention de la Vierge, pleine d'ironie et d'esprit normand. Interdite par le clergé, la prière est vendue sous le manteau dans le village. Pour compléter les revenus de la chapelle, le père Mathieu fait le commerce de saints en bois qu'il a lui-même façonnés et peints en vert. Il boit beaucoup, et sa principale occupation est de calculer son degré d'ivresse. C'est ainsi qu'il a inventé le saoulomètre. Lorsqu'il boit trop, sa femme, Mélie, entre dans des colères noires, mais le père Mathieu affirme n'avoir pas encore passé le mètre d'ivresse.

La voiture arrive chez le père Mathieu, et le narrateur découvre un homme de soixante ans, qui les fait entrer chez lui. Sa femme est absente, il explique qu'elle est en colère après lui, car il était très saoul la veille. On s'installe pour manger, puis deux femmes arrivent et demandent à acheter une statuette de Saint Blanc. Le père Mathieu se souvient s'en être servi comme piquet pour sa cabane à lapins. Les deux femmes s'agenouillent alors dans la cour et se mettent à prier devant le saint, pendant que le père Mathieu s'efforce de le nettoyer un peu. Puis tout le monde revient dans la maison et le père Mathieu sert un nouveau verre.

Douzième partie : Le testament

René Bourneval est un garçon sceptique toujours prêt à

dénoncer les hypocrisies. Il a deux frères qu'il ne voit plus. Ceux-ci ont un nom de famille différent de René, aussi, un jour qu'il dînait chez lui, le narrateur lui demande s'il est né du premier ou du second mariage de sa mère. René semble un instant embarrassé, puis il sourit et propose à son ami de lui raconter son histoire, qui est assez particulière. Sa mère, Mme de Courcils, a vécu une vie malheureuse auprès d'un mari qui l'a épousée pour sa fortune et qui la maltraitait. De nature timide et soumise, elle ne se défendait pas. Un jour, un ami de M. de Courcils est venu chez eux. Il s'agit d'un veuf, ancien officier de cavalerie, qui se nomme M. de Bourneval. Une liaison secrète s'est établie entre M. de Bourneval et Mme de Courcils, dont personne n'a jamais entendu parler. Mme de Courcils était maltraitée par ses deux premiers fils, seul René l'aimait vraiment. La mère de René est morte alors qu'il avait dix-huit ans. Il est alors invité à assister à la lecture de son testament. Les mots lus par le notaire sont un véritable cri de rébellion de Mme de Courcils, une revendication de liberté et d'indépendance. La mère de René explique laisser toute sa fortune à son amant, et que cet argent devra être transmis à leur fils à la mort de M. de Bourneval.

René est alors parti avec son vrai père. Deux jours plus tard, M. de Bourneval tuait M. de Courcils en duel.

Treizième partie : Aux champs

Dans une petite ville, deux maisons de paysans se font face. Chaque ménage a quatre enfants, âgés de six ans à quinze mois. Les pères confondent tous les enfants et peinent à se rappeler du nom de chacun. La première des deux maisons est celle des Tuvache, qui ont trois filles et un garçon. Dans l'autre maison vivent les Vallin, qui ont une fille et trois garçons.

Un après-midi d'août, une voiture s'arrête devant les deux maisons. La jeune femme derrière le volant s'extasie devant le groupe d'enfants jouant dans la poussière. Elle finit par descendre et prend l'un des plus petits pour le serrer dans ses bras avec emportement. Elle finit par remonter en voiture et partir, mais la semaine suivante, elle est de retour. Elle donne aux enfants des gâteaux et des bonbons, joue avec eux par terre pendant que son mari l'attend patiemment dans la voiture. Elle revient ainsi plusieurs fois, fait connaissance avec les parents. Son nom est Mme Henri d'Hubières.

Un matin, le couple descend de voiture et entre chez les paysans. La jeune femme explique alors, un peu mal à l'aise, qu'elle aimerait emmener avec elle l'un des petits garçons. Le mari explique qu'ils souhaitent l'adopter. Il pourra revenir voir les paysans. Il sera leur héritier et touchera une importante somme d'argent à ses vingt ans. Les parents auront, quant à eux, une rente de cent francs par mois. La paysanne, cependant, réagit avec colère. Elle refuse catégoriquement de vendre son Charlot, ce serait un acte horrible, qu'on ne peut demander à une mère. Sanglotant, Mme d'Hubières quitte la maison des Tuvache, et se souvient alors qu'il y a deux petits garçons. Les d'Hubières se rendent alors chez les Vallin et réitèrent leur proposition. Les Vallin commencent par refuser, mais lorsque M. d'Hubières aborde les cent francs par mois, les paysans échangent un regard hésitant. Le père veut s'assurer que l'accord sera signé chez un notaire. La mère pense que cent francs de rente, ce n'est pas suffisant, et demande cent vingt. Mme d'Hubières accepte aussitôt. L'accord est passé, après quoi Mme d'Hubières repart joyeusement avec l'enfant dans ses bras.

Pendant longtemps, on n'a plus de nouvelles du petit Jean Vallin. Les parents touchent leur rente tous les mois, ils sont fâchés avec les Tuvache, indignés par l'acte commis par les Vallin. La mère Tuvache insulte régulièrement les Vallin pour avoir osé vendre l'un de leurs enfants, et rappelle souvent fièrement que bien que n'étant pas riche, elle a refusé de vendre son fils. Les gens s'accordent à dire qu'elle s'est comportée comme une bonne mère. Charlot grandit, il ne reste bientôt plus que lui pour aider son père aux champs.

Un jour, alors qu'il a vingt-et-un ans, une voiture s'arrête entre les deux maisons. Un jeune homme élégant en sort, accompagné d'une vieille dame. Ils entrent chez les Vallin et le jeune homme salue ses parents. Sa mère l'embrasse avec émotion. Pendant qu'on montre Jean Vallin à tout le village, Charlot le regarde passer d'un air sombre. Au dîner, il s'emporte contre ses parents, leur reprochant de s'être obstinés à le garder. Ils auraient pu faire son bonheur, mais ont préféré le garder dans la misère. Il aurait pu être à la place de Jean et il en veut à ses parents d'avoir refusé de le vendre. Furieux, Charlot finit par quitter la maison, expliquant qu'il ne supportera plus de rester vivre auprès de parents qui l'ont sacrifié ainsi. Il part en laissant derrière lui son père et sa mère en pleurs.

Quatorzième partie : Un coq chanta

Mme Berthe d'Avancelles a un prétendant, le baron Joseph de Croissard. Elle a beau le repousser sans cesse, il revient toujours à la charge, se ruinant en fêtes et en chasses en son honneur. Mme d'Avancelles vit séparément de son mari. C'est une jeune femme belle et impertinente, qui s'amuse des avances du baron sans rien lui accorder jusqu'alors. Un jour, alors qu'une chasse est sur le point d'avoir lieu, elle lui affirme en riant que s'il tue une bête, elle lui offrira quelque chose. La chasse commence, le baron est déterminé à tuer une proie, mais Mme d'Avancelles s'amuse à le retarder auprès d'elle. Manquant de heurter une branche, la jeune femme se penche près du baron, et ce dernier ne peut s'empêcher d'en profiter pour l'enlacer. Elle se laisse faire sans broncher, échangeant même un baiser avec lui, avant de partir au galop. Joseph de Croissard rejoint la chasse et parvient à tuer le sanglier poursuivi par ses compagnons. Le soir, alors que tous font la fête, Mme d'Avancelles entraîne le baron dans le parc. Ils s'embrassent passionnément pendant quelques instants, puis la jeune femme annonce qu'elle va se coucher. À la nuit tombée, le baron sort de sa chambre et va frapper à celle de sa bien-aimée. Mme d'Avancelles l'invite à l'attendre dans le lit et sort de la pièce. Le baron se dévêt et se glisse sous les draps. Mais Mme d'Avancelles tarde à revenir et le baron, épuisé par sa journée de chasse, finit par s'endormir. Il se réveille à l'aube, au chant du coq, et trouve la jeune femme étendue auprès de lui. Agacée, elle lui répond sèchement de se rendormir.

Quinzième partie : Un fils

Deux vieux amis se promènent dans un jardin fleuri. L'un est sénateur, l'autre appartient à l'Académie française. Ils marchent en devisant sur des sujets variés. Devant un ébénier, le sénateur remarque que l'arbre doit avoir de nombreux enfants, qu'il a lâchés dans la nature sans s'en soucier. L'Académicien remarque qu'il en est de même pour les hommes. De toutes les femmes qu'ils ont connues dans leur vie, comment savoir, en effet, si l'une d'elle n'a pas mis au monde leur enfant ? Il entreprend alors de raconter à son ami une histoire, qui lui est arrivée alors qu'il avait vingt-cinq ans et qui l'assaille de doutes et de remords encore à ce jour.

Il était en voyage en Bretagne avec un ami, et de ville en

ville, cet ami commença à se sentir malade. Arrivés à Pont-Labbé, ils firent venir un médecin. L'ami de l'Académicien étant affligé d'une forte fièvre, le médecin a ordonné au malade de se reposer quelques jours. Il se retrouve coincé à l'auberge et, pour passer l'ennui, s'amuse à flirter avec la bonne de l'établissement, une jeune fille de dix-huit ans qui ne parle que le breton. Les chambres de l'Académicien et de la bonne sont face à face. Un soir, le jeune homme la saisit en riant et l'entraîne dans sa chambre, avant de fermer la porte. Une fois seul avec elle, le désir l'envahit et il étreint la jeune femme. Elle lutte longtemps contre lui, avant de se soumettre, épuisée. Puis elle se relève et s'enfuit en courant. Les jours suivants, la bonne fait de son mieux pour éviter l'académicien. Une fois son ami guéri, ils s'apprêtent à quitter l'auberge, mais la veille de leur départ, la jeune fille rejoint l'Académicien dans sa chambre et l'étreint passionnément. Le lendemain, le jeune homme reprend la route. Pendant trente ans, il ne revient plus à Pont-Labbé et ne songe plus à la bonne.

En 1876, il se retrouve à nouveau en Bretagne et s'arrête à l'auberge. Il parle avec le fils des propriétaires et, se remémorant soudain son aventure avec la bonne, il demande de ses nouvelles. Le jeune homme annonce qu'elle est morte en couches, et lui montre son fils. Il explique que personne n'a jamais su qui était le père. L'Académicien est saisi d'un frisson désagréable. Il observe le fils de la bonne alors qu'on lui explique qu'il n'est pas devenu grand-chose, sans père, ni mère, ni argent.

L'Académicien passe la nuit à se poser des questions, et le lendemain il tente d'interroger le jeune homme sur sa date de naissance. Mais celui-ci ne parle pas le français et semble un peu simple d'esprit. Le patron finit par aller chercher l'acte de naissance. Le fils de la bonne, nommée Jeanne Kerradec, est né huit mois et vingt-six jours après le passage de l'académicien. Ce dernier passe les jours suivants dans un état de trouble et d'agitation profonds, se demandant quelle décision prendre au sujet de cet homme qui est très certainement son fils. Il lui offre cent francs, mais le jeune homme les utilise pour se saouler et rentre ivre à l'auberge.

L'Académicien finit par partir, le cœur lourd. Depuis six ans, il vit avec ce fardeau. Il s'oblige à retourner voir son fils tous les ans. Il est trop idiot pour être instruit, et tout l'argent qu'on lui donne finit par être bu. L'Académicien est impuissant à améliorer son existence et culpabilise. Il ne peut s'empêcher, pourtant, de ressentir ce lien qui le lie à son fils, et qui le rappelle sans cesse en Bretagne.

Seizième partie : Saint-Antoine

Antoine a plus de soixante ans, mais c'est toujours un bon vivant qui aime manger, blaguer et séduire. On le surnomme Saint-Antoine. Le paysan, veuf, vit seul dans sa ferme avec sa bonne et ses deux valets. Il a deux fils et trois filles, tous mariés, qui viennent le voir une fois par mois. Lors de l'invasion des Prussiens, Saint-Antoine cria partout qu'il se chargerait d'eux s'ils se montraient, persuadé que jamais ils ne viendraient jusqu'à son village. Un matin, cependant, le maire Chicot se présente chez lui, accompagné d'un soldat prussien. Chicot explique à Antoine qu'il doit héberger le soldat et bien le traiter. Antoine invite le prussien à sa table et lui offre de la soupe. S'apercevant que le soldat ne présente pas de danger et que, qui plus est, il ne parle pas un mot de français, il se détend et se permet de le traiter de manière plus familière. Bientôt, Antoine sort de l'eau-de-vie et les deux hommes se mettent à boire ensemble en riant. Saint Antoine prend alors l'habitude de sortir avec son Prussien, se plaisant à le traiter de cochon devant le reste du village, qui rit dans le dos du prussien, totalement inconscient de la situation.

Antoine s'enhardit toujours plus, traitant le prussien comme un porc qu'on engraisse et encourageant les habitants à lui offrir à manger. Par politesse et ne voyant pas qu'on se moque de lui, le Prussien mange tout ce qu'on lui donne. Un soir, cependant, alors que tout le village est réuni, le soldat commence à sentir que les rires et les moqueries sont tous dirigés vers lui. Il devient méfiant vis-à-vis d'Antoine. Après avoir trop bu tous les deux, les hommes reprennent, à pied, le chemin de la ferme. Antoine s'amuse à bousculer le soldat, jusqu'à ce que celui-ci, irrité, finisse par lui donner un coup de poing. Antoine saisit alors le prussien et le propulse à terre. En réponse, le prussien sort son épée pour l'attaquer. Antoine se défend grâce à son fouet de houx, dont il assène un coup sur la tempe du soldat. Ce dernier s'écroule. En voyant le corps sans vie du prussien à ses pieds, Antoine est pris de panique. Il finit par ensevelir le corps sous un tas de fumier, dans la cour de sa ferme.

Antoine se couche ensuite, mais ne peut s'endormir, trop effrayé à l'idée de ce qui pourrait lui arriver. Au milieu de la nuit, son chien se met à pousser de longs hurlements. Antoine sort et le trouve devant le tas de fumier, le poil hérissé et les crocs découverts. Il approche et découvre alors un homme, assis sur le fumier. Il s'agit du prussien, encore hébété par l'ivresse et le coup qu'il a reçu. En le voyant, Antoine est pris de fureur à l'idée que le soldat puisse le dénoncer pour ce qu'il a fait. Il se saisit alors d'une fourche et s'élance sur le prussien, avant de lui planter les quatre pointes dans la poitrine.

Il s'acharne longtemps sur le corps ensanglanté du prussien, le transperçant de sa fourche encore et encore. Puis, alors que le jour se lève, il ensevelit nouveau le corps dans le fumier.

Puis il se met au lit et s'endort. Le lendemain, il est dégrisé et sait ce qu'il a à faire. Il se rend au village et demande à tout le monde des nouvelles du prussien. On se lance à la recherche du soldat ; les officiers, connaissant l'amitié apparente entre Antoine et le soldat, ne le soupçonnent pas. Un gendarme à la retraite finit par être accusé. Il est arrêté et fusillé.

Dix-septième partie : L'aventure de Walter Schnaffs

Walter Schnaffs est un soldat de l'armée prussienne, installé en France depuis l'invasion. Cette situation le rend très malheureux. Il est loin d'avoir le physique d'un soldat, et est d'un naturel pacifique. Il est marié et a quatre enfants, sa famille lui manque. Schnaffs aime profiter des plaisirs de la vie et déteste les armes.

Son corps d'armée avance vers la Normandie. Un jour, il est envoyé en reconnaissance avec un petit groupe de soldats. Tout semble calme dans la campagne, jusqu'à ce que le groupe de Prussiens soit arrêté par des tirs de fusils. Alors qu'une bande de Français s'élancent vers eux, Walter Schnaffs reste d'abord paralysé, avant de finalement se jeter dans un fossé pour se dissimuler. Depuis sa cachette, il entend des bruits de lutte, puis finalement le silence revient. Il se demande quoi faire. Il répugne à retrouver ses compagnons et les conditions de vie épouvantables du camp de soldats. Finalement, il lui vient l'idée de se constituer prisonnier. Ainsi, il sera à l'abri du danger, logé et nourri jusqu'à la fin des hostilités. Mais alors qu'il s'apprête à partir, l'angoisse le saisit à nouveau à l'idée de traverser seul la campagne, où des paysans pourraient l'attraper et le tuer, à moins qu'il ne finisse fusillé.

La nuit tombe et Walter est toujours dans le fossé, ne

sachant que faire. Il finit par s'endormir. Lorsqu'il se réveille, il est tenaillé par la faim. Il résout alors de sortir et de trouver un villageois seul, à qui se constituer prisonnier. Mais personne ne passe sur le chemin et la nuit finit par tomber à nouveau. Walter passe une nuit agitée, de plus en plus affamé. Lorsqu'il se réveille, une nouvelle peur l'étreint : celle de mourir de faim.

À la nuit tombée, il rassemble enfin le courage nécessaire pour sortir, et se dirige vers le château qu'il aperçoit au loin. Attiré par les odeurs de nourriture, Walter approche de la fenêtre et regarde à l'intérieur. Huit domestiques sont à table. Lorsqu'ils aperçoivent le visage casqué du prussien à la fenêtre, ils paniquent et poussent des cris d'effroi, avant de s'enfuir de la pièce. Walter entre alors et se dirige vers la table pleine de nourriture. Il s'y assied et commence à manger avec appétit. Enfin rassasié, le jeune soldat finit par s'endormir. Au matin, il est réveillé brutalement par cinquante soldats français, qui pénètrent dans le château avec fracas et le capturent. L'officier français se félicite de cette victoire : après avoir mis en déroute l'armée de Prussiens qui avaient envahi le château, ils ont réussi à faire un prisonnier. Les soldats ramènent le prussien au village, où ils sont accueillis par une clameur victorieuse. Le prisonnier est mis en cellule, avec deux cents hommes pour surveiller le bâtiment. Walter Schnaffs se met alors à danser de joie, soulagé d'être enfin en sécurité.

LES RAISONS
DU SUCCÈS

La deuxième moitié du XIXe siècle voit l'émergence du mouvement réaliste en France. En réaction à la grandiloquence du romantisme, les auteurs expriment leur désir de ramener la littérature à quelque chose de plus vrai. Leurs romans deviennent alors le résultat d'une observation minutieuse de la vie réelle. Le réalisme a pour objectif d'étudier les mœurs d'un milieu en toute objectivité, allant parfois jusqu'à s'inspirer de faits divers. Les maîtres à penser de ce mouvement furent Flaubert (1821-1880), Stendhal (1783-1842) ou encore Balzac (1799-1850). Ce dernier est considéré comme le précurseur du réalisme, dont il a créé les principes fondateurs en écrivant les premiers romans de sa *Comédie humaine*. Dans cette œuvre colossale, où sont regroupés quatre-vingt-dix textes, il s'est attaché à recréer la société française de son époque. En 1830 paraît *Gobseck*, le premier roman des *Scènes de la vie privée*, qui constituent une étude de mœurs précise et détaillée, avec le souci de coller au plus près à la réalité. C'est cette obsession de la vraisemblance qui établira les bases du mouvement réaliste.

La plupart des nouvelles de ce recueil se passent en Normandie, une région que l'auteur, d'origine normande, connaît bien. Maupassant s'est inspiré de ses propres observations du milieu de la campagne normande pour en décrire les paysages, ainsi que le mode de vie et les coutumes des habitants. L'auteur retranscrit même le patois normand dans des nouvelles comme *Un normand* ou *Aux champs*. Mais les observations de Maupassant ne s'arrêtent pas au milieu paysan, puisqu'il décrit dans ses nouvelles plusieurs classes sociales. Celle des petits bourgeois dans *Ce cochon de Morin* ou encore de la noblesse des campagnes dans *Le Testament* ou *Un coq chanta*. Dans beaucoup de nouvelles, l'auteur mentionne l'alcool et la nourriture de Normandie, utilisant ces détails pour relier ses histoires à la région qu'il veut évoquer.

Par ses descriptions réalistes du monde campagnard normand, Maupassant souligne l'aspect misérable de la vie des paysans dans des nouvelles comme *Aux champs*. Il montre aussi les mauvais traitements faits aux femmes dans *Les Sabots* ou *Un fils*. Ainsi, il se montre sans concession au sujet de la nature humaine, qu'il décrit dans toute sa bassesse. Le regard ironique de l'auteur met en lumière le caractère amoral de l'homme, à travers ces nouvelles où son comportement est souvent discutable, voire abject (Mme Lefèvre qui sacrifie son chien par avarice dans *Pierrot* ou les soldats prussiens qui abandonnent une femme aux loups dans *La folle*). L'auteur aborde des thèmes de société, les évoquant sous le prisme de son pessimisme constant à l'égard de la société. L'invasion prussienne, la condition féminine, les conflits familiaux ou la misère sont autant de sujets de société propres au XIXe siècle.

On peut aussi remarquer que Maupassant se refuse à toute forme d'idéalisme lorsqu'il décrit les paysages de campagne. Son but n'est pas de donner à ses nouvelles un ton bucolique, mais de dépeindre la réalité, aussi n'épargne-t-il pas au lecteur les aspects moins idylliques du milieu campagnard : la boue et la fange dans laquelle se vautrent les enfants dans *Aux champs* ou les odeurs de fumier des fermes.

Développé à la fin du XIXe siècle, le naturalisme se place dans la continuité du réalisme, avec le souhait de pousser plus loin encore le parallèle entre la littérature et les sciences. L'écrivain naturaliste se considère en effet comme un véritable scientifique, et voit son œuvre comme un outil d'expérimentation à caractère social et biologique. Porté par le développement de la médecine expérimentale et par les débuts de la psychiatrie, le naturalisme étudie la physiologie et la psychologie de ses personnages, il cherche à tisser des liens avec l'hérédité, le milieu social, l'urbanisme et l'industrie. Ce mouvement romanesque sera principalement développé et défendu par Émile Zola, qui défend l'objectif de recherche et de démonstration du vrai dans le roman. Contrairement au réalisme, qui se présente comme un simple miroir de la réalité, le naturalisme revendique une nécessité explicative de la littérature. Ainsi, le naturaliste entend dénoncer une société qui méprise les plus pauvres et qui se bâtit de manière immorale. Il s'intéresse aussi aux tares physiologiques, aux effets des déterminismes sociaux et de l'hérédité. Son souci de se tourner vers les réalités les plus dures et les plus viles entraîne le roman naturaliste dans un certain pessimisme et une vision méprisable de l'humanité. Zola développe sa définition du mouvement naturaliste avec sa grande fresque romanesque, *Les Rougon-Macquart*. Composée de 20 romans écrits entre 1871 et 1893, la série a pour objectif d'étudier l'influence du milieu sur l'homme et les effets de l'hérédité sur cinq générations. Zola y dépeint aussi la société du Second Empire dans son ensemble. Les autres principaux représentants du naturalisme seront Gustave Flaubert (*L'Éducation sentimentale*, 1869), Huysmans (*Marthe, histoire d'une fille*, 1876) ou encore Edmond et Jules de Goncourt (*Renée Mauperin*, 1864).

On sent l'influence du naturalisme dans *Les Contes de la Bécasse*, notamment dans la volonté de dénoncer certains aspects de la société, mais aussi et surtout par l'intérêt porté par Maupassant à l'aspect psychologique de ses personnages. En effet, il présente souvent des caractères dont les défauts sont poussés à l'extrême, comme l'avarice de Mme Lefèvre et du capitaine Javel dans *Pierrot* et *En mer*. Les deux personnages sont présentés comme des monstres sans cœur à cause de cette tare qui gouverne leur existence : l'obsession de l'argent. Maupassant présente aussi plusieurs fois des personnages psychologiquement dérangés, comme dans *La Folle*, avec le personnage de la voisine démente, ou dans *Les Sabots*, où la jeune Adélaïde est simple d'esprit, ou encore dans *Un fils*. Cette dernière nouvelle présente une esthétique particulièrement proche du naturalisme, en ce qu'elle effectue un parallèle entre l'état psychologique du fils du narrateur et le milieu dans lequel il a été élevé : orphelin recueilli par les patrons de sa mère, habitué à vivre dans la misère et l'indifférence. Les nouvelles de ce recueil se tournent aussi souvent vers la misère des plus pauvres, comme dans *Aux champs*, où l'on voit les difficultés financières de deux familles de paysans, qui connaissent une vie si misérable que l'une des familles en vient à vendre son fils, alors que l'autre, s'y étant refusé, finira par regretter de ne pas avoir saisi cette opportunité unique d'offrir une vie meilleure à l'un de ses enfants.

À leur publication en 1883, *Les Contes de la Bécasse* ne sont pas du goût de la critique. On trouve ces nouvelles trop frivoles, trop vulgaires. La presse reprochera à Maupassant de livrer un recueil qui n'est pas digne de son talent. C'est le cas dans *Le Siècle* du 13 octobre 1883 : « Certes, M. Guy de Maupassant a du talent, beaucoup de talent et l'on en trouve des traces dans les *Contes de la Bécasse* comme dans tout ce qu'il écrit. Voilà pourquoi précisément nous reprochons à son dernier volume l'emploi de procédés indignes d'un écrivain de race. À quoi bon des mots à effet, des couleurs aveuglantes, des trucs de féeries, un attirail de charlatan, quand on n'a pas besoin d'appeler le public, qui vient tout seul attiré par la sympathie, par l'attrait de la force et de la grâce ? Pourquoi les *Contes de la Bécasse* ? Pourquoi *Ce cochon de Morin* ? À quoi bon ces grivoiseries qu'on devrait laisser à leur place, c'est à dire dans les recueils que nous ont légués les vieux conteurs de jadis ? » Dans *Le Constitutionnel* du 2 juillet 1883, on dénonce l'aspect purement commercial des *Contes de la Bécasse* : « Tout est choisi et distingué dans ce volume, depuis le titre général : *Les Contes de la Bécasse*, jusqu'à ceux des chapitres : *Ce cochon de Morin*, par exemple. Avec des sujets si élégants, on peut espérer une clientèle du meilleur goût. C'est pourtant un homme d'esprit qui s'arrête à ses amusements, à propos desquels Virgile aurait pu dire : Auri sacra fames ! Oui, la soif de l'or, voilà la source de cette littérature aussi malsaine que républicaine. »

Certains journalistes apprécieront tout de même le recueil, pour les raisons qui l'ont fait mépriser des autres : sa gaieté, son ton railleur et amusant. C'est le cas pour *L'Intransigeant* du 8 juin 1883 : « Ce qui distingue particulièrement ce dernier ouvrage de l'auteur de *La Maison Tellier* et d'*Une vie*, c'est la gaieté, l'ironie amusante. Le premier récit du livre, *Ce cochon de Morin*, ne peut manquer de prendre place à côté de *Boule de Suif*. Et les nouvelles qui suivent donnent toutes des échantillons très divers de la bonne humeur railleuse de l'écrivain. Deux ou trois seulement apportent une note dramatique à l'ensemble. » Ainsi, la critique ne perçoit généralement que l'aspect grivois et irrévérencieux de l'auteur, sans faire état de l'aspect critique et pessimiste vis-à-vis de la nature humaine de la plupart des nouvelles. On souligne surtout l'aspect amusant du recueil, pour s'en réjouir ou pour en critiquer le manque de sérieux.

Malgré cet accueil mitigé de la part de la presse, *Les Contes de la Bécasse* connaîtront une très bonne réaction du public, puisque le recueil sera réimprimé sept fois dans la première année de sa parution. Ce succès populaire est probablement dû, une fois encore, au ton au premier abord amusant et paillard, souvent irrévérencieux, de ces nouvelles.

Les Contes de la Bécasse fonctionnent selon le principe des nouvelles par enchâssement. En effet, la première nouvelle, *La Bécasse*, a pour rôle de donner un cadre à l'ensemble du recueil et de justifier le rassemblement de ces récits. On appelle enchâssement narratif ce procédé grâce auquel l'auteur fait raconter une histoire par l'un de ses personnages, mais à l'attention d'autres personnages plutôt qu'à celle du lecteur. L'enchâssement narratif est une méthode utilisée dès la Renaissance, notamment dans le *Décameron* (1349-1353) de Boccace ou *L'Heptaméron* (1559) de Marguerite de Navarre. Idem pour *Les Mille et une Nuits*, où une série de récits distincts sont racontés par Shéhérazade au roi. De manière plus contemporaine à l'auteur, le récit par enchâssement se retrouve aussi chez Barbey d'Aurevilly, dans *Les Diaboliques* (1874) ou dans certaines nouvelles de Balzac, comme *Sarrasine* (1830).

LES THÈMES
PRINCIPAUX

À travers des récits en apparence légers et désinvoltes, au ton parfois frivole ou vulgaire, Maupassant dénonce certaines des pires tares de la société de son temps. La plupart des personnages qu'il présente sont affligés d'un défaut qui sera amplifié à outrance et qui sera l'élément central de la nouvelle. L'avarice dans *Pierrot*, les comportements contestables envers les femmes dans *Les Sabots*, l'insouciance des hommes dans *Un fils*, la malice dans *Saint-Antoine*... Chaque nouvelle est l'occasion pour Maupassant de se moquer plus ou moins durement de certains comportements et, plus généralement, de la nature humaine. Sur un ton ironique, l'auteur dévoile toutes les bassesses dont l'homme est capable, et sa profonde amoralité. On retrouve dans *Les Contes de la Bécasse* le goût de Maupassant pour la philosophie pessimiste de Schopenhauer, selon laquelle l'homme est voué au malheur et à l'insatisfaction, mais aussi le mépris que l'auteur en est venu à éprouver pour ses semblables.

Certains thèmes sont une constante dans le recueil : dans *Pierrot* et *En mer*, c'est l'avarice qui est dénoncée. Mme Lefèvre préfère vouer son petit chien à une mort lente plutôt que de dépenser de l'argent pour le nourrir. Le capitaine Javel, lui, cause à son frère la perte de son bras, en refusant de détruire le bateau qui lui a coûté si cher. L'avarice est aussi évoquée dans *La Rempailleuse*, dans le comportement hypocrite de M. Chouquet.

Le thème de la cruauté humaine et de l'oppression des plus faibles est aussi très souvent présent. Dans *La Folle*, des soldats prussiens abandonnent une femme dans la forêt en plein hiver, où elle finit par mourir et être dévorée par les loups. Dans *Les Sabots* et dans *Un fils*, on évoque aussi l'oppression des faibles. Faibles d'esprit dans *Les Sabots*, faibles socialement dans *Un fils*. Les comportements contestables à l'égard des femmes sont dénoncés, qu'ils soient causés par la grivoiserie grossière dans *Les Sabots* ou par inconséquence dans *Un fils*. Dans *Le Testament*, le même thème revient, à travers le personnage d'une femme opprimée et malmenée par un mari violent.

Dans *Aux champs*, c'est la misère des paysans qui est mise en lumière, tout comme le caractère capricieux des plus riches qui croient que tout s'achète.

Même dans les nouvelles plus amusantes et frivoles, on sent le mépris de Maupassant et son dédain général pour la nature humaine. Pour l'arrogance stupide des soldats français qui arrêtent Walter Schnaffs à la fin de *L'Aventure de Walter Schnaffs*, ou pour le ridicule des dévots priant leurs saints dans *Un normand*.

Écrites en 1883, les nouvelles des *Contes de la Bécasse* reflètent déjà un tournant dans la vie de Maupassant, qui commence à être marqué psychologiquement par la maladie. Hanté par des peurs et des troubles profonds, il finira en effet par sombrer dans la folie, avant de mourir à seulement quarante-quatre ans. Le dernier stade de la syphilis, dont l'auteur était atteint, inclut un état de troubles psychologiques et notamment des hallucinations. C'est l'expression de ce trouble que l'on retrouvera particulièrement, quelques années plus tard, dans *Le Horla*, mais il est déjà présent dans certaines nouvelles de ce recueil, et plus particulièrement dans *La Peur*.

Dans cette nouvelle, le narrateur entreprend d'expliquer ce qu'est la vraie peur, en relatant deux expériences particulièrement éprouvantes qu'il a vécues. La première est liée à la mort d'un ami et le sentiment de solitude profonde, suffocante qui en a résulté, accompagné d'une forte sensation d'étrangeté troublante. La deuxième évoque la présence d'un spectre, et place une famille entière en proie à une nuit de terreur panique.

Lorsqu'elle n'est pas causée par une émotion forte ou un

sentiment de malaise profond, la folie est présentée comme le résultat d'un traumatisme ayant causé un dérèglement psychique. Dans *La Folle*, la voisine, après avoir perdu toute sa famille, refuse de quitter son lit, même lorsque sa vie en dépend : « Fidèle à son idée fixe, elle s'était laissée mourir sous l'épais et léger duvet des neiges et sans remuer le bras ou la jambe. » L'aspect dérangeant de la nouvelle est rehaussé par l'image des ossements, dont le narrateur conserve une partie, et par cette phrase implacable : « Puis les loups l'avaient dévorée. »

Ainsi, les *Contes de la Bécasse* offrent une place importante aux thèmes qui hantent le plus l'esprit de l'auteur à l'époque de sa rédaction. Ceux de la peur, de la mort et de la folie. La plupart des nouvelles provoquent ce même sentiment de malaise, par la dureté de leur dénouement. Un chien laissé agonisant (*Pierrot*), une femme dévorée par les loups (*La Folle*), un vieux couple symbole d'un passé idéalisé et révolu (*Menuet*), un spectre grimaçant à la fenêtre (*La Peur*), un homme qui fait le deuil de son bras après être passé près de la mort (En mer), un fils qui reproche à ses parents d'avoir refusé de se séparer de lui (*Aux champs*), un homme hanté par la certitude d'avoir un fils pour lequel il n'a su être là à temps (*Un fils*) ou encore un homme tué sans raison (*Saint-Antoine*). Autant de nouvelles au dénouement tragique ou terrible, qui reflètent l'angoisse constante de leur auteur.

Les Contes de la Bécasse évoquent aussi par trois fois le thème de la guerre, et le traumatisme causé par l'invasion prussienne de 1870. Dans *La Folle*, la violence injustifiée des soldats prussiens est soulignée, ainsi que leur cruauté. Dans *Saint-Antoine*, le ressentiment d'un homme à l'égard de ceux qui ont envahi son village finit par faire de lui un assassin, alors que victime comme coupable étaient deux innocents sans réelle malveillance en eux. Dans *L'Aventure de Walter*

Schnaffs, enfin, l'absurdité de la guerre est suggérée par le manque de courage d'un soldat prussien, qui ne demande qu'à rester en vie jusqu'à la fin des hostilités pour retrouver sa famille.

ÉTUDE DU MOUVEMENT LITTÉRAIRE

Apparu en France au milieu du XIXe siècle, le réalisme est un mouvement à la fois pictural et littéraire. En réaction au romantisme qui mettait le sentiment en exergue au détriment, parfois, de la vraisemblance, le réalisme s'efforce d'effectuer une reproduction la plus fidèle possible du réel. Le roman réaliste constitue une représentation du quotidien et s'intéresse à toutes les classes sociales. Les auteurs de ce mouvement se font observateurs avant tout : ils doivent décrire ce qu'ils connaissent, en toute objectivité, sans chercher à l'embellir. Le réalisme est une étude des mœurs de la société et des individus qui la composent. Dans leur souci du vrai et leur détermination à éviter toute recherche du spectaculaire ou de l'héroïque, les romanciers réalistes s'opposent aux mouvements historique, romantique ou lyrique. Plutôt que de se considérer comme un art, le roman réaliste s'inscrit dans un objectif scientifique. Plus qu'un simple divertissement, il se doit d'apporter quelque chose à la société. Cette recherche constante du vrai et de l'objectivité s'accompagne parfois d'une absence de grandiloquence du style : le réalisme décrit la réalité telle qu'elle est, même lorsqu'elle est ordinaire, médiocre ou vulgaire. Il rejette aussi la technique du narrateur qui intervient dans l'histoire, et met en avant son personnage. Le roman est vu à travers son regard et son point de vue est le seul qui soit donné à l'auteur. La recherche du réel se traduit également par un récit précisément ancré dans l'espace, avec des descriptions de lieux très détaillées.

Le mouvement réaliste naît dans une période marquée par les bouleversements. La révolution industrielle provoque un développement de l'édition et de la presse, ces deux univers s'alliant même dès 1836 pour créer les romans-feuilletons. La littérature devient alors plus universelle, elle peut toucher un plus grand nombre. En outre, l'apparition du prolétariat et des premières manifestations ouvrières devient une nouvelle source de préoccupation et d'inspiration pour les auteurs.

Le réalisme littéraire entretient une relation étroite avec la peinture. C'est d'ailleurs dans cet art que le réalisme a pour la première fois fait parler de lui, à travers le tableau de Gustave Courbet *Un enterrement à Ornans*. Cette œuvre suscita une polémique et on accusa le peintre de représenter le vulgaire et le laid. L'œuvre devint rapidement un manifeste du réalisme, duquel est né par la suite le réalisme littéraire.

En 1856 est lancée la revue *Réalisme*. Créée par le romancier Louis-Edmond Duranty (1833-1880). La revue critique le romantisme et la vision uniquement divertissante de la littérature. À propos de l'objectif de la revue, Duranty écrira : « Beaucoup de romanciers, non réalistes, ont la manie de faire exclusivement dans leurs œuvres l'histoire des âmes et non celle des hommes tout entiers. [...] Or, au contraire, la société apparaît avec de grandes divisions ou professions qui *font* l'homme et lui donnent une physionomie *plus saillante* encore que celle qui lui est faite par ses instincts naturels ; les principales passions de l'homme s'attachent à sa profession sociale, elle exerce une pression sur ses idées, ses désirs, son but, ses actions. »

Le réalisme s'est progressivement imposé dans le monde entier. Il apparaît d'abord en Allemagne, vers 1830, avant de se propager en Angleterre puis aux autres pays, jusqu'à la Russie et les États-Unis. Cependant, c'est en France qu'il aura la plus grande influence, grâce à un certain nombre d'auteurs investis dans ce mouvement. Balzac, Stendhal, Flaubert, Zola, Maupassant, Huysmans sont autant de noms qui ont contribué au développement du réalisme.

Alors que les mouvements précédents se faisaient souvent idéalistes, décrivant la vie comme elle devrait être, plus heureuse et plus juste, récompensant les gens honnêtes et braves et punissant les personnes mauvaises, le réalisme décrit le monde comme il est réellement, sans rien cacher. Il n'hésite pas à montrer la misère sociale des classes défavorisées dans des romans qui ont rarement une fin heureuse ou morale. Le réalisme est en cela pessimiste, mais dans une volonté d'ouvrir les yeux de la population, de lui faire prendre conscience de certains aspects de la société qui pourraient leur être inconnus.

Le réalisme se divise principalement en trois courants : le premier traite la littérature comme un reportage journalistique, un état des faits totalement objectif. C'est la technique employée par Champfleury (1821-1889), qui était par ailleurs journaliste et qui fut l'un des défenseurs du réalisme. Le deuxième courant, représenté notamment par Flaubert, Baudelaire, et plus tard Proust, associe le critère du beau à celui du vrai. Le troisième courant est celui des œuvres engagées. Les romans ne sont pas préoccupés par l'art, ils ont une portée sociale, un message à faire passer. Le réalisme affirme ainsi un désir de dénoncer et de contribuer à une réformation de la société. C'est cette volonté qui fit des réalistes des écrivains polémiques qui verront souvent leurs œuvres soumises à des procès et censurées, comme ce fut le cas de Flaubert, Baudelaire ou encore Maupassant.

Le réalisme naît aussi d'une époque particulière, qui voit apparaître les sciences humaines. Les auteurs peuvent alors se servir des connaissances nouvellement acquises en biologie, psychologie et sociologie pour élaborer leurs personnages et leurs intrigues.

En accord avec les évolutions de son époque, le mouvement réaliste s'attache à représenter les classes sociales jusque-là délaissées par la littérature. Celle des ouvriers, des hommes qui vivent dans la misère, des prostituées... Des thèmes tels que ceux du travail, des relations homme-femme ou des injustices sociales deviennent les préoccupations principales des romanciers. En outre, la nécessité de se fonder sur le réel et des expériences vécues donnera un aspect plus personnel au roman, qui se fait souvent plus ou moins autobiographique.

Les auteurs traiteront de ces thèmes chacun à leur façon. Ainsi, Balzac, dans *La Comédie humaine*, n'hésite pas à décrire des réalités communément ignorées par la littérature parce que trop vulgaires ou trop banales. Balzac présentera le quotidien de toutes les classes sociales, excepté la classe ouvrière. Ses romans critiquent notamment la place trop importante de l'argent dans la société.

Le réalisme se caractérise également par la dimension pédagogique qu'il s'efforce d'adopter. En effet, des auteurs comme Balzac, Stendhal ou Zola auront à cœur d'expliquer dans le détail certains aspects de la société. L'écriture est vue comme un moyen d'enseignement. Elle apprend, révèle et ouvre les yeux sur certains aspects méconnus de la société.

Dans sa recherche de véracité, le réalisme en vient à devenir un mouvement de déconstruction des idées véhiculées jusqu'ici : celles d'un optimisme, d'une morale et d'une justice que l'observation de la réalité a démentie. L'homme n'est plus mis en valeur mais présenté dans toute sa nudité, avec ses défauts et ses failles. Son succès ou ses échecs ne sont plus conditionnés par son mérite mais par le fonctionnement, souvent arbitraire et injuste, de la société moderne.

On ne peut parler du réalisme sans évoquer le mouvement qu'il a initié, et qui s'est placé dans sa filiation directe : le naturalisme. Issu directement des principes réalistes, il est élaboré par Émile Zola dans un désir de renforcer l'aspect scientifique de la démarche de l'auteur. Influencé par la méthode expérimentale, il veut faire du roman une véritable analyse des phénomènes biologiques et sociologiques, s'intéressant notamment à l'hérédité, à l'influence du milieu social ou de la psychologie. Le roman, pour Zola, devient le lieu d'une expérience, fondée dans un premier temps sur une observation minutieuse du réel et, dans un second temps, sur l'étude des conséquences des faits observés. L'œuvre la plus représentative du naturalisme est les *Rougon-Macquart*. En l'espace de vingt romans, et par un processus de recherche et d'analyse, l'auteur retrace l'histoire d'une famille génération après génération en démontrant toutes les conséquences de l'hérédité sur un individu.

Mis à part un désir identique de se faire les représentants de la société et de leur époque dans son intégralité, les auteurs réalistes montrent peu de traits communs, il leur arrive d'ailleurs souvent de débattre de leurs divergences. Ainsi, dans une lettre écrite au romancier russe Ivan Tourgueniev en novembre 1877, Flaubert s'agace du réalisme exacerbé de Zola : « La réalité, selon moi, ne doit être qu'un tremplin. Nos amis sont persuadés qu'à elle seule elle constitue tout l'État ! Ce matérialisme m'indigne, et, presque tous les lundis, j'ai un accès d'irritation en lisant les feuilletons de ce brave Zola. » De la même manière, Maupassant critique le dramaturge Henri Monnier en ces termes : « Henri Monnier n'est pas plus vrai que Racine. » Duranty, lui, reproche à *Madame Bovary* de manquer de sentiment dans un article de la revue *Réalisme* : « Trop d'étude ne remplace pas la spontanéité qui vient du sentiment. »

Malgré ces désaccords dans le niveau de réalisme à employer dans leurs œuvres, les auteurs se rejoignent dans leur volonté de donner à la littérature une dimension plus scientifique, et d'en faire le lieu d'étude privilégié de l'homme et de son environnement.

DANS LA MÊME COLLECTION
(par ordre alphabétique)

- **Anonyme**, *La Farce de Maître Pathelin*
- **Anouilh**, *Antigone*
- **Aragon**, *Aurélien*
- **Aragon**, *Le Paysan de Paris*
- **Austen**, *Raison et Sentiments*
- **Balzac**, *Illusions perdues*
- **Balzac**, *La Femme de trente ans*
- **Balzac**, *Le Colonel Chabert*
- **Balzac**, *Le Lys dans la vallée*
- **Balzac**, *Le Père Goriot*
- **Barbey d'Aurevilly**, *L'Ensorcelée*
- **Barbey d'Aurevilly**, *Les Diaboliques*
- **Bataille**, *Ma mère*
- **Baudelaire**, *Les Fleurs du Mal*
- **Baudelaire**, *Petits poèmes en prose*
- **Beaumarchais**, *Le Barbier de Séville*
- **Beaumarchais**, *Le Mariage de Figaro*
- **Beauvoir**, *Mémoires d'une jeune fille rangée*
- **Beckett**, *Fin de partie*
- **Brecht**, *La Noce*
- **Brecht**, *La Résistible ascension d'Arturo Ui*
- **Brecht**, *Mère Courage et ses enfants*
- **Breton**, *Nadja*
- **Brontë**, *Jane Eyre*
- **Camus**, *L'Étranger*
- **Carroll**, *Alice au pays des merveilles*
- **Céline**, *Mort à crédit*
- **Céline**, *Voyage au bout de la nuit*

- **Chateaubriand**, *Atala*
- **Chateaubriand**, *René*
- **Chrétien de Troyes**, *Perceval*
- **Cocteau**, *Les Enfants terribles*
- **Colette**, *Le Blé en herbe*
- **Corneille**, *Le Cid*
- **Crébillon fils**, *Les Égarements du cœur et de l'esprit*
- **Defoe**, *Robinson Crusoé*
- **Dickens**, *Oliver Twist*
- **Du Bellay**, *Les Regrets*
- **Dumas**, *Henri III et sa cour*
- **Duras**, *L'Amant*
- **Duras**, *La Pluie d'été*
- **Duras**, *Un barrage contre le Pacifique*
- **Flaubert**, *Bouvard et Pécuchet*
- **Flaubert**, *L'Éducation sentimentale*
- **Flaubert**, *Madame Bovary*
- **Flaubert**, *Salammbô*
- **Gary**, *La Vie devant soi*
- **Giraudoux**, *Électre*
- **Giraudoux**, *La Guerre de Troie n'aura pas lieu*
- **Gogol**, *Le Mariage*
- **Homère**, *L'Odyssée*
- **Hugo**, *Hernani*
- **Hugo**, *Les Misérables*
- **Hugo**, *Notre-Dame de Paris*
- **Huxley**, *Le Meilleur des mondes*
- **Jaccottet**, *À la lumière d'hiver*
- **James**, *Une vie à Londres*
- **Jarry**, *Ubu roi*
- **Kafka**, *La Métamorphose*
- **Kerouac**, *Sur la route*
- **Kessel**, *Le Lion*

- **La Fayette**, *La Princesse de Clèves*
- **Le Clézio**, *Mondo et autres histoires*
- **Levi**, *Si c'est un homme*
- **London**, *Croc-Blanc*
- **London**, *L'Appel de la forêt*
- **Maupassant**, *Boule de suif*
- **Maupassant**, *Le Horla*
- **Maupassant**, *Une vie*
- **Molière**, *Amphitryon*
- **Molière**, *Dom Juan*
- **Molière**, *L'Avare*
- **Molière**, *Le Malade imaginaire*
- **Molière**, *Le Tartuffe*
- **Molière**, *Les Fourberies de Scapin*
- **Musset**, *Les Caprices de Marianne*
- **Musset**, *Lorenzaccio*
- **Musset**, *On ne badine pas avec l'amour*
- **Perec**, *La Disparition*
- **Perec**, *Les Choses*
- **Perrault**, *Contes*
- **Prévert**, *Paroles*
- **Prévost**, *Manon Lescaut*
- **Proust**, *À l'ombre des jeunes filles en fleurs*
- **Proust**, *Albertine disparue*
- **Proust**, *Du côté de chez Swann*
- **Proust**, *Le Côté de Guermantes*
- **Proust**, *Le Temps retrouvé*
- **Proust**, *Sodome et Gomorrhe*
- **Proust**, *Un amour de Swann*
- **Queneau**, *Exercices de style*
- **Quignard**, *Tous les matins du monde*
- **Rabelais**, *Gargantua*
- **Rabelais**, *Pantagruel*

- **Racine**, *Andromaque*
- **Racine**, *Bérénice*
- **Racine**, *Britannicus*
- **Racine**, *Phèdre*
- **Renard**, *Poil de carotte*
- **Rimbaud**, *Une saison en enfer*
- **Sagan**, *Bonjour tristesse*
- **Saint-Exupéry**, *Le Petit Prince*
- **Sarraute**, *Enfance*
- **Sarraute**, *Tropismes*
- **Sartre**, *Huis clos*
- **Sartre**, *La Nausée*
- **Senghor**, *La Belle histoire de Leuk-le-lièvre*
- **Shakespeare**, *Roméo et Juliette*
- **Steinbeck**, *Les Raisins de la colère*
- **Stendhal**, *La Chartreuse de Parme*
- **Stendhal**, *Le Rouge et le Noir*
- **Verlaine**, *Romances sans paroles*
- **Verne**, *Une ville flottante*
- **Verne**, *Voyage au centre de la Terre*
- **Vian**, *L'Arrache-cœur*
- **Vian**, *L'Écume des jours*
- **Voltaire**, *Candide*
- **Voltaire**, *Micromégas*
- **Zola**, *Au Bonheur des Dames*
- **Zola**, *Germinal*
- **Zola**, *L'Argent*
- **Zola**, *L'Assommoir*
- **Zola**, *La Bête humaine*
- **Zola**, *Nana*
- **Zola**, *Pot-Bouille*

Lightning Source UK Ltd.
Milton Keynes UK
UKHW011251061021
391760UK00002B/256

9 782759 311026